Richard Pietraß
Vorhimmel

*Für Christine Krüger
zur Erinnerung
an den Abend
im Kunstverein
herzlich
Richard Pietraß*

g

Wolfen, 30. Januar 2004

Mit vier Tintenstiftzeichnungen von Nuria Quevedo
und einem Nachwort von Ludwig Harig

Richard Pietraß
VORHIMMEL
LIEBESGEDICHTE

Gollenstein

Für Monika

Wir kommen von nichts. Wir gehen ins Nichts:
Staub, der sich an Staub rieb.
Vorher nichts. Nachher nichts.
Inzwischen hab ich dich lieb.

Wie trieb ich dich
durch deines Leibs Gelände

Einander überlassen
Natur der Natur

Zufall hat uns umarmt

Am Abend verwandeln

Am Abend verwandeln wir uns
und werden Vögel, Mauersegler, die mit schrillen
Schreien den ungeteilten Himmel befliegen
und lautlos streichende Eulen, steigen
unter die höchsten Türme, nisten
des Nachts und bleiben ertappte Vögel, denen
der Morgen die geborgten
Federn nimmt.

Für ein einziges Mädchen

Was bleibt von diesem Steppensommer
der wie ein Grasbrand verlischt
Es bleibt die Sonne zwischen Monden
und immer geht der Wind
es bleiben Hände ohne Ringe
dem Munde bleibt der Schrei
Jäh der Anfang zäh das Ende
Es bleibt es bleibt
es bleibt dabei

Blutiger Himmel

Wenn du mir deinen Finger gibst
Wenn du die gebrannte Hand gibst
Wenn du den herausgerissenen Arm gibst

Wenn du dein Auge ausreißt
Wenn du mir deine Stimme gibst

Werde ich geboren werden

Und der blutige Himmel

Alle meine Einsamkeiten

Alle meine Einsamkeiten
sind von dir

Irdene Schüssel bist du
aus der ich geschlürft habe
und das Weißbrot
von dem ich nahm

Weinberg du
auf dem ich grub
und das Flachsfeld
in dem ich ruhte

Dein ist die Einsamkeit
meiner Hände
die Einsamkeit dein
meines suchenden Munds

Die du bist im Himmel

Sieh meinen irrenden Blick
zwischen den Häusern den fremden
den Taubenschwarm sieh meiner Briefe
(die niemals ankommen)
und die Spur meine im Kreis

Deren Reich kam

Was weiß du
von der Einsamkeit des Tischs
was von der Trauer des Spiegels
und was vom Eis eines Betts

Ohne das Rascheln deiner flinken
Zunge ist mein Ohr
ohne deiner Finger
Schere bleibt mein Haar

In meinen pochenden Lenden
verfließen träge die Stunden
liedlos wölben sich draußen
Tag und Nacht

Am gemauerten Tor
stehe ich und klage
alle meine Einsamkeiten
die da sind von dir

Erstes Gedicht für Anna

Zufall hat uns umarmt
Zufall wird uns trennen

Ich nehme deine Hände
und wölbe einen Himmel

Du suchst meinen Mund
und überquerst das Meer

Von Dunkel zu Dunkel

Zufall ich Zufall du

Requiem für Lilja

Liljenka schüchterne Lilie
was suchst du in meinem Schatten

Ich bin nicht die Sonne
du bist nicht der Mond

Liljenka eilige Lilie
was suchst du in meinem Herzen

Ich bin nicht die Liebe
du bist nicht der Tod

Liljenka zärtliche Liebe
was suchst du an meinen Lippen

Ich bin nicht die Rose
du bist nicht das Gras

Holzauge

Ich sagte, ich liebe dich.
Da stand ein Bett im Zimmer.

Du sagtest, jetzt gehe ich.
Und verlorst den Schuh.

Ich sagte, ein Regentag.
Da stand der Mond im Fenster.

Als die Lampe leuchtfrei hatte
grub sie feine Splitter

als du am Boden lagst
unter deine Haut.

Genug

Eines Morgens hatte ich Liebe genug
und ich schnitt das blutige Laken
eines Morgens fielen Bilder zu Boden
zersprangen lautlos die Vasen
Rauch fuhr auf in den Himmel
ihr Lichtbild floh durch den Schornstein
weiße Asche schwarzer Wind

Wie trieb ich dich
durch deines Leibs Gelände

Vorhimmel

Du sprichst mir zu. Der Tod nimmt seinen Hut
und flieht das Doppelspiel der Nacht.
Stillst meinen Hals, bis nichts mehr an mir ruht.

Du brichst mit mir. Ich spucke Engelblut.

Lebensraum

Der Vorhang fällt, die Kerze engt das Zimmer.
Was uns die Welt war, schließt sich dunkel zu.
Fern wacht der Bleitod unterm Sternenflimmer.
Das Doppellid des Fensters schneidet Ruh.

Du wirst zum Raum, in dem ich mich entfalte
Sobald der Tagesstaub mich nicht mehr frißt.
Sowie ich dich in kurzen Armen halte
Begreife ich, wie tief der Graben ist

Der dich von mir trennt, außer Sekunden
Da zwischen uns der Funken springt;
Bitter die Erleuchtung und so spät gefunden
Daß Leben nur im Schrei gelingt.

Du bist die Zelle, der ich mich verdichte
Zu einem Kern den weichen Erdenkloß.
Du bist die Nuß, der Weltriß, den ich dichte.
Einzig deine Enge macht mich groß.

Tanz

Wir tanzen, also renken die Skelette.
Das Weltall dreht sich, wie wir stehn.
Wir Lahmen schließen eine Schattenwette.
Erblindend reden wir vom Wiedersehn.

Die Tanzfigur umzirkelt ihre Mitte.
Das Pfeifen kommt vom Mikrofon.
Du schnaufst, ich schnaube Jugendwitze.
Weißt du noch? Du weißt nichts mehr davon.

Wir Tauben werden gellend von uns hören.
Der Urknall war ein stummer Schrei.
Ich lasse mich von deinem Schritt betören.
Im Augenwinkel reift das Fliegenei.

Abbitte

Du hast mir die Schlüssel gegeben
Und dich dann vor mir verschlossen
Und lieber den Treuen genossen.
Ich wars nur dem lustigen Leben.

Ich habe dich lachend betrogen
Und zärtlich darüber geschwiegen.
Wollt ewig so bei dir liegen.
Ich hab dich aus Liebe belogen.

Du hast mich aus Liebe verstoßen.
Die Wunde wollte nicht heilen.
Du konntest dich nicht zerteilen
Mit deinem Herzen, dem großen.

Fremd

Ich liebte dich. Ich brauchte nie dies Wort.
Ich hab mich stumm in dir vergraben
Um ein Asyl für meine Gier zu haben
Für meine Feier einen Andachtsort.

Wie trieb ich dich durch deines Leibs Gelände.
Dein Haar war mir der Zügelstrick.
Du flochtest mir die Peitsche dick
In der geschickten Werkstatt deiner Hände.

Uns fraß das Glück. Zerbrach die Decke
Halfen uns nicht Zopf, noch Mähne.
Zu dünn der Eislack, dünn die Strähne.
Uns fraß der Dreck. Der Sumpf der Zwecke.

Kontrakt

Vier Kammern hat mein Herz, nicht weniger
Geliebte. Komm und sei du. Geh
Laß dich zurück. Flucht steht dir offen.
Findest du ein Zimmer verschlossen, meide es.

Call It Love

Auf den Hügel, vor Hunger schön, taumeln wir im Verein.
Bleiluft drückt auf Fiebermatten.
Der Erde beifällt die Sonne, ein künftiger Stein.

Wir sind nicht satt. Schon züngeln Schatten.

Mühle

Du klappst das Kochbuch. Schnürst einen Senkel
Die Stelle zu schmecken, hinein.

Ich tölple im Göpel deiner Schenkel

Himmelabgründendes Engelgebein.

Lilien

Als ich von den geschenkten Stielen einen zurückerbat
Mich zu erfreuen, sprachst du mit kühlem Glanz
Nicht, daß ich dir die Lilie niede, ich will dich ganz.

Douane

Wer schlägt mir den Reifen von der Brust
Streift ab dies eingewachsene Land?

Du, du hast es gewußt
Die meine Rippen verband.

Da glänzt es, zu meinen Füßen
Eine züngelnde Otter im Sand.

Du, du hast es gewußt
Die meine Gesichte verstand.

Und wird mich nachts neu umschließen
Wie ich mich am Tage sonst fand.

Du, du hast es gewußt
Die auch meinen Nachtschmerz empfand.

Frei

Du lebst mit mir, ohne mit mir zu leben.
Wir haben uns kein Versprechen gegeben.

Wir sehen uns mit freieren Augen an.
Uns gehören weder Hausstand noch Kinder an.

Wir bauen kein Nest, keine Zelle des Staats.
Am Rande, am Rand ist immer Platz.

Am Rande lebend, sind wir hinten und vorn.
Die Spanne dazwischen heißt tragende Norm.

Ohne mit mir zu leben, lebst du mit mir.
Nicht jedesmal lüg ich dir Dank dafür.

Libertinage

Du machst dich frei. Es trennen
Uns noch Haut und Bein.
Du lädst mich, dich zu kennen
Lockst ins Vlies hinein.

Ich freie dich. Fremd greifen
Meine Hände. Hinab!
Sollte Scham mich streifen
Schminkst du mir sie ab.

Du legst mich frei. Noch sterben
Wir nicht an tieferen Rissen.
Derweil ich das Sternbrett kerbe
Sei Konigin, jochendes Kissen.

Opposition

Ich reite dir entgegen.
Das Winterlaken schmilzt, das Vlies
Die Wiese wechselt ihre Farbe.

Hitze jagt die Blässe.
Fülle verschlingt die Tugend.

Du reifst mir entgegen.

Die Vertikale konvertiert
zum Horizont
zur Lebenslinie einer Hand.

Ebbe

Die Nähe kräht nach der Ferne die Ferne friert nach der Näh.
Bis zur Gurgel Genoßne wie gern ich dich wieder besäh.

Spurenende

Im knirschenden Sand, Hand in Hand, gehn wir ans Ende.
Fuß von Fuß, ohne Gruß, ohne verlogene Wende.

Echo

Erbrich dies Zimmer. Es ist verspiegelt, als sei in ihm
das Polarlicht versiegelt.

Chère, mehr hier, damit ich sehe, wie ich dir ungeniert
um Herz und Nieren gehe.

Hafene mich. Eh ich nicht entrinne, knospen mir dir
entschlafene Sinne.

Ohnmacht entfacht, mal dich, mal dein Bild.
Mein taumelndes Auge, mein beinweiches Wild.

Erluchs ich, wie du dich im Hüftkreis bewegst, fuchs ich
wie du mich duftleis erregst.

Poststunde

Grund der Gründe aufzustehen, an fremden Fäden
Seh ich mich gehen. Der geträumte Brief nicht dabei.
Schlüpfe ins Nest, köpfe ein Ei.

Löffle ein Ei, schlüpf aus dem Nest. Schleichend
Geht des Tages Rest.
                    Grund der Gründe
Langzuliegen. Botin, gib den Durchschlafsegen.

Liebesmüh

Schildbauer bin ich deines Leibs. Mein Werkzeug
(ich treibs): meine dich knetenden, betenden Hände,
der Mund, mein wahrer Daseinsgrund, der Leben
aufbraucht, einhaucht, mein Meißel das stumpfe Beißel,
das sich dich haarscharf zu treffen vermißt am
Götterriß und dir nur manchmal zur Brustlust fährt,
vom Gähnstein der Zähne beehrt. Mein stummelndes
Reisl, deine Lippen stippens zum Bockshorn,
auf das du, vorzuspielen dich verlegst, ehe dus aus
den Händen regst, ans Werk wehst mit mir.
Ist es Nacht, wenn ich mich in dir, mein Meisterstück
suche, steht Licht gut zu Juche und streichlich Raum,
damit ich dich weißdrehn, schwarzgehn kann.
Nie Knie brichst du so still, wie ich es nicht will.
Du ahnst mein Bewegen, schwanst ihm entgegen
und gibst so den Schlägen die nötige Gerte.
Vernachlaß ich dich, schmilzt du mir unter den Lenden.
Walte ich, zögerst du, dich zu vollenden, mahnst du mich,
nicht letzte Hand anzulegen, deinetmeinetwegen, jetzt.

Freikörper

Wo der Sand mit den Salzzungen kost, haben wir unser Bett gemacht.
Wir kamen vom Ende der Welt für diese eine Nacht.
Was wir treiben, ist, was uns treibt. Was wir halten, ist was uns hält.
Der Brodem eines Kantinenjahrs hat unsere Küsse vergällt.

Was wir reden, schweigen wir, trockener Zunge, gehaucht.
Der Mehlpfad des Gesetzes hat alle Spucke verbraucht.

Wir stottern und stammeln und wissen nicht was, nur daß uns etwas blüht.
Die Asche, die Flasche, das Taschentuch. Verspätet war verfrüht.

Wir schwimmen zum Himmel, wir rollen zur Hölle, in nasser Völlerei.
Das Oben und Unten der Pfahlmoral, wir spielen es entzwei.

Nah der Mulde schäumt die Gischt, ein Krake ohne Erbarmen.
Das Bündel bäumt sich, träumt. Umarmen, Umarmen. Umarmen.

Morpheus Lied

Schlafstadt Müde matt
Tot singen die Kinder
Schlafstadt nimmersatt
Liebesboot vorm Winter

Licht aus Gesicht aus
Daß etwas wachse
Licht aus Pflicht Haus
Hält die Leiberachse

Schlaf ein Laß sein
Morgen gehts besser
Schlaf ein Laß Nein
Morgen schneidts Messer

Beischaf Bleischlaf
Brotmüde Todmatt
Bleischaf Beilschlaf
Tot Müde Todmatt

Hohe Mulde

Wo die Mulde dem Faulbett entsprungen
Wo der Solschaum im Abwind zerfliegt
Bin ich tief in die Wiesen gedrungen
Hab ich dich träumend im Armboot gewiegt

Wind brach zauste die röchelnden Eichen
Strudel gurgelten Kreis und Kreis
Du löstest mir keine Spange zum Zeichen
Und Worte beschämenden Liebesbeweis

Hart am Rand der wandernden Wiese
Sah ich nah uns Rock und Hemd
Ihr strömendes Strömen spitzte die Krise
So hat dein Haar mich überschwemmt

Als ich fröstelnd zur Brücke gestiegen
Schäumte noch mächtig das Element
Wo die Schnellen die Pfeiler biegen
Und die Engung den Rückstrom hemmt

Globus

Weltbild, geschrumpft
auf das Maß einer Kuhhaut
eines Fußballs
Windei mit dem Anhauch
der Kontinente, den Fetzen
händelsüchtiger Länder
erstarrt
im Status quo.
Spärliches Licht
das uns im Finstern
leuchtet, während mein Finger
über dich hinfährt
heilste aller Welten
verdunkelt, erhellt
auf einen Knopfdruck.
Haut dünn, Achse
geneigt, gerenkt
wie deine kuschlige
Achsel, der haarfeine
Meridian.

FRAU,
Dezember ist und die Stadt sinkt ins Dunkel, eine Muschel,
die sich schwach erst faulend öffnet. Ich lungre im Bett
mit geschärftem Messer, doch stammle ich über keinem
gefälligen Schoß. Auge in Auge stand ich mit den Engeln,
aber es fehlte mir, der sie beflügelt, der Schein. An dich,
Frau, denk ich nicht nur aus Not; so auch risse ich dich
gern an mein Herz. Wie soll ich genießen, was ich nicht
teile? Der gleißende Brocken pfropft mir den Hals. Bitter
schmeckt so die Traube, die am Marktstand gepflückte.
Und was sollen Rosen im Winter mir? Eisig wächst zwischen
uns die Fremde, Faden um Faden durchsilbert dein Haar.
Noch pendelt zum Sprunge Rilkes Panther; nur die Fontänen
verströmen sich in die Brunnen. Die Blätter aber ruhn tief
in der Knospe: Wildschwein und Amsel auf dem Weihnachts-
altar. Berge von Waren sind noch ohne Käufer, Schläfer
ohne Schlaf. Wieder rührt der Eiffelturm an die Himmels-
wunde, fester schließt sich die Vielvölkerstadt.
Nichts mag ich sein hier als dein Fühler, Schwalbe, in der
schon Sommer summt. Frau, leb, ich streck dir die Arme.
Nimm mich, Stärkre, an deine Brust. Heimkehren will ich
in dein sanftes Gefängnis, das mich einschließt, ausschließt
nach den Gesetzen des Bluts, das nicht müde wird in
unseren Schläfen.

Zwanzig

In meinem schwachen Arm liegt
Die man (im Beutel trug sie die Münze fürs Frühstück)
Vorm Haus ins Dienstfahrzeug neckte
Zur Rechten die innen hermetische Tür
Die man Blindekuh im Ankreidekreis fuhr
Der man Kleider und Uhr abnahm (machen nur fickrig)
Die man ihres Namens entledigte
Der man (ein Schließvorgang) die Suppe hinschob
Das Taglicht strich das Nachtdunkel
Der man und das ist erst der Anfang
Als sie verstummte den tropfenden Wasserhahn beigab
Den geduldigen Lehrer von Schläfe zu Schläfe den Stalaktiten
Und das ist erst der Anfang

Unermeßlich

Obgleich ich dich abgründig liebe
habe ich mich mit deiner Schwester gemessen
Diese Wut auf den Reichtum der Welt

Im Strudel versank dein Gesicht
Glänzender jetzt taucht es auf

Es schmerzt mich dein Schmerz
doch bitt ich dich
umarme mich fester fester

Wachsen in dir wird mein Bild deines
Zeugnis unsres Pfads im Dunkel

Gegen den Tod die Gier
Liebste liebste linde Salbe
in meinen verwickelten Armen

Die Ohnmacht

Du bist ganz Schlaf. Ich kann
Dich an deiner Schwäche rühren.
Leg ich meine Elle an
Läßt du nur rauhen Atem hören.

Vergebens werben meine Zehen.
Du frönst einem anderen Reich.
Dem Tode näher als dem Leben
Streichelt nichts dich pfirsichweich.

Noch ist es Nacht. Noch kann
Ich bis zum Schrillen hoffen.
Das findet dich den Sorgen offen.
Lohntisch. Dreikind. Lebensplan.

Der Saum der Nacht. Ich komm
Dich vorm Manntag zu verführen.
Glückst mir nicht, dich aufzuschnüren
Hör ich mir wirre Träume an.

Hohe Kante

Mein Weib und ich, wir gehn zu Bett zu Tisch, zu Boden
treiben auf dem Flickenteppich, herzen den gordischen
Knoten.

Nehmen den Mund voll, den Hals, die geizende Hand
ringen uns um Schwören und Flehen,
den Fledermausverstand.

Lottern auf der frohen Kante und nehmen uns die Spitze
leugnen Eltern, Patentante und fiedeln in unserer Ritze.

Ketten uns, wie wir schlafen, des andern steiniges Brett
hungern, lungern, lügen uns schön. Sie ist nicht dünn,
ich bin nicht fett.

Zandvoort

Unter Heringen einer find ich mich allein
Während dein Zug nach Preußen rollt.
War schön, mit dir hier Mensch zu sein
Nun mach dich hübsch klein und schlüpf unverzollt

Durch die weltbestgeknüpften Maschen.
Zeige dein tierischstes Muttergesicht
Und kehre nach außen die Taschen.
Gelebtes Leben berappt man noch nicht.

Es war nicht das beste holländische Bett
Auf dem wir es treudeutsch getrieben.
Dafür war der Käse belegen und fett
Den der Wirt auf die Nudeln gerieben.

Lasse die Kindlein bald zu dir kommen
Die andere besorgt unterdessen.
Selbst sie hat der Staat uns abgenommen
Daß wir nicht das Blutsband vergessen.

Unter Brüdern keiner find ich mich kalt
Mir steht nicht der Sinn nach Schwänzen.
So kneife ich fester den Achterspalt
Und summe von Jungfernkränzen.

Man küßt sich hier vor aller Welt
Auf tagesgemieteten Pritschen.
Wen kümmerts, wer sich wem gesellt
Wenn nur die Gulden schön glitschen.

Du wirst nun an der Sperre stehn
Welche die Halbwelten trennt.
Zwei Beamte werden ins Auge dir sehn
Ans Ohr, an dem man dich kennt.

Am Taxi wird eine Schlange sich winden
Heim kehrst du ins Land der Schlangen.
Trotzdem grüß mir die schwindenden Linden
Die wir so selten gegangen.

Unter Eulen eine flieg ich zum Dam
Derweil man die Möbel zu rücken beginnt.
Der Mond zieht das Meer in die Wattenbahn
Und zeigt, wie das Leben verrinnt.

Dann gingst du
in die letzte Gestalt

Für Erika

Letzte Gestalt

Dann gingst du in die letzte Getalt.
Im Rollstuhl. Im Siechbett. Im Traum.

Dein Haar, ich strichs vom Kopf.
Am Schwundleib kein Anflug von Flaum.

Deine Arme, von Kindern beschwert
Nun die eines Sahelkinds.

Der Mund, der mich Sanftmut gelehrt
Schief lächelnd im Grubenwind.

Deine Hände: Papile, was hast du?
Roh ineinander geschränkt.

Zu Füßen des harzigen Kastens
Das Häufchen, das sich nicht erhängt.

Mein Engel

Mein Engel ist elend.
Und ich steh in Schuld.

Seine Flügel sind lahm.
Ich hab dran gerissen.

Seine Stirn ist kraus.
Ich hab sie gefurcht.

Sein Herz war ein Quell.
Ich hab ihn getrübt.

Nun schleppt er sich
Nach Engelland.

Nun schirmt ihn
Meine schwache Hand.

DEIN SCHAL AN DER GARDEROBE
Wie flüchtig hingehängt. So fährst du
Aus der Grube, die mich bedrängt.
Spüre ich den Atem, den ich enden sah.
Noch durch Schal und Mütze
Und Mantel bist du da.

Du gehst nun auf keine Reisen
Nur die von Fleisch nach Sand.
In kleinen Wesensschritten
Löst du deine Hand
Bleibt inmitten.

DIE BRIEFE, DIE ICH DIR GESCHRIEBEN
In Kartons verwahrt. Als wäre in den Schüben
Schönes aufgespart. Leben, ja
Getrenntes, das mir die Tinte trieb.
Und jedesmal die Wendung, entfernt
Hab ich dich lieb.

Das Dunkel heisst dich leuchten
Staub bringt dir mein Schuh.
Sand reicht dir die Hand
Nimmt ab, nimmt zu.

Die Fotos, die dich zeigen
Nadelstiche ins Herz. Lächeln
Ins ewige Auge, siamesischer Schmerz.
Von der Süße des Genoßnen zum Essig
Des Niemehr. Bleibt
In den Tüten, Gesichte
Zentnerschwer.

Die Wege, die wir gegangen
Bleiben beseelte Wege. So
Als ob ich klammen
Herzens ins Freie trete, wieder dich
Zu treffen auf verschlungnem Pfad.
Auch heute wirst du nicht kommen –
Und ich übe Verrat.

IN ANDRE ARME GEWORFEN
Schau ich innen zurück.
So sieht den Kuß aus Verzweiflung
Dein letzter Blick.

Poste restante

Schwer, dich nicht zu hören, da Jahre ich dich rief.
Drum nimm ihn noch, den späten, stummen Liebesbrief.

Entziffre ihn, Äther und Erde, Sonne, Mulm und Kies.
Lies und werde, Öhrchen, Mundchen grubenschief.

Öhrchen, lehmschwerhörig, Blindchen, lidspalttief.
Vernimm ihn, junge Erde, die einst bei mir schlief.

Warm und ohne Argwohn, daß ich ihr nicht entlief.
Öhrchen, lehmschwerhörig, Mundchen, grubenschief.

Wüßte ich und faßt ich, was dich von mir trieb.
Nimm ihn, junge Erde, den weißen Liebesbrief.

Besuch

Holunder zupft dir die Schulter.
Der Ahorn stellt dir ein Bein.
Ich lungre dir zu Füßen
Und sinke langsam ein.

Noch gehe ich und komme.
Noch halt ich die Kinder in Trab.
Doch zieht mich eine Macht
An dein gefrorenes Grab.

Noch drehe ich meine Runden
Auf dem Gamenseeis.
Die Kufen werden stumpfer
Und mein Bart wächst weiß.

Noch habe ich Freude am Lieben
Und Essen sowieso.
Laß mich nur die Augen verdrehen
Sie sehen dich immerzu.

Laß mich die Tage vergaukeln.
Am Ende wiegst du mich doch.
Es ist kein Kindskopf zu groß
Fürs göttliche Nabelloch.

Und ist kein Esel zu ohrig
Für jedwede Menschelei.
Hochwürden nicht zu honorig
Für das ewige Ei.

Einst komm ich an deine Seite.
Wind und Sterne brüten uns aus.
So schlüpfen wir Jüngsten Tags
Ins knarrende Lausitzer Haus.

Ich trete ins Fenster
und breite die Arme

Lethe

Unsre kalten Lieben stehen nicht dagegen
daß wir uns atmend zueinanderlegen.

Die Wohltaten

Die wie Schwalben hinjagenden Küsse
Die spitzfingrig gezwackten Nüsse

Der ohne Handschuh gewaschene Pelz
Der schmirgelnder Zunge polierte Schmelz

Der im Dunkeln geeichte Finger
Die beim Munkeln gedengelten Dinger

Die in den Staub geringelten Socken
Der himmelhoch gerollte Rocken

Die Loch um Loch geblasene Flöte
Die ohne Schluckauf geschluckte Kröte

Der spargeltief gesenkte Daumen
Die regennassen Bauernpflaumen

Die aus dem Leibe geliebte Lunge
Die lehrend unbelehrbare Zunge

Die Pfefferworte schleudernde Zwille
Die auf kleiner Freude geröstete Grille

Das fingerkammgeschorne Schaf
Der laokoonsche Schlaf

Die verkürzte die vertriebene Zeit
Die entriegelte Ewigkeit

Meine Nackademie

Zwischen Nachtigall und Haubenlerche Rosenbettler und
 Müllkutscher
Tagt meine Akademie
Einberufen sooft mir der Kamm schwillt und mich die Tinte
Nicht mehr hält. Meine Füchsin läßt ihre schön geäderten
 Trauben hüpfen
Und ich springe doch immer zu kurz und schelte sie sauer

Eingetragen ins Register ihrer Arme und Beine
Bin ich ihr Mitglied solange ich und sei es mit Hilfe
Einen Finger zu rühren vermag
Aufgenommen wurde ich zitternackt und ich brauchte
Keinen Bauch veröffentlicht zu haben noch morschen
 Bürgen
Oder anderen Nachweis öffentlichen Nabels

Entspannt ruhen wir in unserm sich ständig erneuernden
 Gebäude
Mit seiner Front ganz aus gläserner Luft
Während wir der Liebe erliegen
Fiedelt zu unseren Füßen die Klasse der Grillen auf ihren
 filigranen Flügeln
Und die Ameisen errichten emsig ihre erstaunliche
 Architektur
Derweil die Akazien blühend voller Kunsthonig stehen

Daß man ihn aus der Luft saugen könnte der
   durchsüßten
Wären wir auch ohne Friktionszwang nicht schon
   ermüdet
Nach so lieblicher Legislatur

Toast

Kleines Brötchen, kornbetaut
Back ich dich auf, mein scharfes.
Salzgebräunt perlt deine Haut
Im Rauch gebeizte Karpfin.

Brandluft schnapp ich, bäckerfrisch
Gehst du mir ans Leben
Springt das Messer unterm Tisch
Blank zum Dickbelegen.

Knisternd zwischen Fremd und Feind
Funken Elektroden.
Was Morgenhunger kalt geleimt
Bröselt nun am Boden.

Kopfstand

Die Beere quillt. Der Schwamm schießt aus dem Boden.
Ich bette dich in feistes Moos.
Leinen schürzt den Hammelhoden
Auch dir wird eine Vogelkirsche groß.

Rare Zeit des Kirschenpflückens
Ungestört von Star und Spannermade.
Fast will uns der Kopfstand glücken.
Schon füllt den Mund die pralle Wade.

Die Lunge bläht die Traubenflügel.
Du spitzt den Rotstift unterm Tuch
Und signierst den Moosbrandhügel
Der duftet wie ein regennasses Buch.

Binzer Schatzbrief

Das Jahr ging krachend aus den Börsennähten.
Mein Goldschatz lag im Fieberschlaf.
Da schlüpft ich aus der Wohngarage
Und stakste an den eisgekühlten Strand.
Auf meinem Wege Paare, Paare, Horden
Die flüchtig diesen Bankrotteur beäugten
Der seine Baisseblicke weiden ließ
Da sie sich in die Wolle kriegten
Oder Grillen fingen längs der Promenade.
Die Zeiger ruckten gegen Zwölf
Als ich mir einen Glühwein fischte
Da man drinnen um das Mondkalb tanzte.
Des Doppelbechers pappne Lippe
Preßte foppend meinen Fleimemund.
Da stand ich Hammel, sprunggesund
Und riskierte Blicke, Blicke
Derweil die Liebste fiebernd Stämme sägte
Und sie auf die Kante legte.
Das Jahr zerbarst im Freudenfeuer
Ich sah es steigen, sinken in den Dünen
Dümpelnd über tausend Köpfen.
Ich stand allein. Grund genug, mich vorzuknöpfen.
Panzerfäuste vor die kalten Füße:
Verrechnungsschecks statt Turtelgrüße.
Flugs suchte ich den Schutz der Herde.

Doch triebs mich auf die Andockbrücke
Auf der Pullen samt den Gläsern standen.
Hinter mir betrat die Planken
Erhitzten Muts ein Fähnlein Flaschenwerfer
Und sah das Schuldlamm, mich.
Kaum daß ich vorüberschlich
Eh mich eine in die Hörner traf.
Nachtmöwen stießen knapp auf mich herab
Und folgten ihrem schwarzen Schaf.

Maiwald

Wie der Buchfink sein Buschweib
Mit hängenden Engelsflügeln umspringt
Steigt und sinkt
Steigt und sinkt
Staubkorn, schwebend
Auf eine Nadelspitze.

Der Pegel

Sonntags bei den Uferweiden
Feilschten wir ums Binsenschloß. Des letzten
Rocks hats dich beraubt
Geworfen auf mein Wasserbett.

Beim Zinseszins der Atemblase
Lechztest du nach Nebenluft.
Ich schläfre deinen Unkenkummer
Und ruf den Aal aus seinem Rohr.

Das Erwachen

Des Morgens kam sie in mein Bett geglitten. Ich lag
Noch im Kokon des Schlafs, da sie an meine
Schläfe pochte und ich die Arme wie zum Flug auftat.

Sie pellte mich aus meiner Fadenhölle
Und hüllte mich in ihren Nesselduft
Da ich von einer Brise träumte:

Das Laken steif von unserm Speichel
Während in der Kopfsteinpflasterstille
Unreife Eicheln in den Rinnstein tropften

Hüpfende Echos unsres Falterflugs.
Die Sonne schnellte hoch, es war genug. Gebieterisch
Der Herdenruf entlegener Geschäfte.

Es ging die Tür. Ich rieb den Sand
Aus dem gewaschenen Augenspalt
Und badete im Strom gesalzener Säfte.

Die Wiederwahl

Die Hochzeit trieb auf ihren Gipfel.
Wir lagen kühl und hielten uns am Boden
Da draußen Porzellan zerschellte
Und du deinen Dudel nicht mal herztest.
Blinde Löffel lagen wir im Zweierpack
Träumend nur von unserm Silberglanz.
Stier bei Horn, Gaul bei Schwanz
Säumten wir, die lieber zäumten.
Musik bewegte die Augustgardine
Und weckte meinen kleinsten Finger.
Du zucktest mit der Achsel
Und legtest deine Adamsäpfel
In die Daunenkiste, da der verkorkte Iste
Sein Bündel schnürte, voller Fersensand.
Inzwischen ging die Braut von Hand zu Hand
Berauscht, berückt von stummen Zeichen.
Da lagen wir, beherzte Leichen
In Armen vor der Fenster Reihe
Den Takt der Tänzer in den Knochen
Kreischen in den hummeloffnen Ohren
Der Sichelmond schien wie gewohnt
Vergoß sein Milch- und Honiglicht.
Als der Schnaps die Drosseln zählte
Warst du es, die mich wiederwählte.
Das Zauberwort behalte ich für mich.

Freiwild

Einander überlassen, Natur der Natur
lagen wir im Andrang der Elbe, des Bluts.

Die Kiefer strählte das Blau, und der Falke
ein gejagter Pfeil, fuhr herab

daß wir wie Schnäbler
zusammenzuckten, herzschlaglang.

Wo Busch den Baum den Busch begrub
warn wir uns Jäger, Beute; Flut.

Vorfreude

Segler, vorm Regen unter der Traufe, rußschwarz
als wohntest du in feurigem Schacht.

Schaff mir die Liebste im Mücken-
schnabel. Nur du erjagst sie, jubelnder Pfeil.

Nicht der seinem Lärm enteilende Jäger
nicht das gründelnde Echolot. Du nur

führst Nadel und Faden, fliegender Atem
in Sichelgestalt.

Ich trete ins Fenster und breite die Arme
im halboffnen Mund das flügge Herz.

Ludwig Harig: Wahrhaftige Poesie

Der Vorhimmel öffnet seine Pforten ins Blickfeld des Lesers und lockt ihn in seinen geheimnisvollen Innenraum. Doch rasch wird der Leser gewahr, daß dieser Vorhimmel gar nicht der vordere Teil des Himmels ist, in welchem die ohne Empfang der Taufe verstorbenen Kindlein auf die künftige Seligkeit warten dürfen. Ein Begriff aus dem religiösen Sprachgebrauch hat unversehens einen metaphorischen Bedeutungswandel vollzogen und entfaltet in Gedichten seinen despektierlichen Charme der Kunst. „Die Kunst ist nichts als die Kunst", heißt es bei Nietzsche, „wir haben die Kunst, damit wir nicht an der Wahrheit zugrunde gehen." Und so gleicht der Vorhimmel des Dichters Richard Pietraß dem Vorhimmel des Eigenbrötlers Fibel von Jean Paul: Es sind Aufenthaltsorte der spielerischen Phantasie, in welchen der Dichter das Unterste zu oberst kehrt und arglos herumvagabundiert ohne Furcht vor achtungsgebietenden Wörtern.

„Fibel hatte seinen Sonntag vor dem Sonnabend gefeiert, den Himmel vor dem Vorhimmel", amüsiert sich Jean Paul über die Hierarchie der heiligen Orte; in seinem Mottogedicht für Monika, der der ganze Band gewidmet ist, schmäht Richard Pietraß den windigen frommen Vorhimmel und gibt ihn seiner poetischen Agnostik preis: „Wir kommen von nichts. Wir gehen ins Nichts: / Staub, der sich an Staub rieb. / Vorher nichts. Nachher nichts. / Inzwischen hab ich dich lieb."

Wie Jean Paul erfüllt auch Richard Pietraß den Auftrag des wahren Dichters: Er stellt die längst verbrauchten altehrwürdigen Wörter und ihre Bedeutungen auf den Kopf, prüft ohne Scheu und Ehrerbietigkeit ihren angemaßten Sinn, reinigt sie von ihrem verquarkten Urschlamm und gibt ihnen ihre Durchsichtigkeit auf die Welt zurück. Und siehe da: Bloßgestellt sind die sakralen Phrasen leere Hülsen, gedroschenes Stroh.

Schon als junger Autor der DDR zeigte Pietraß seine herzerfrischende Unerschrockenheit in Gedichten, die wir zum Teil in „Vorhimmel" wiederlesen.

„Weltbild, geschrumpft auf das Maß einer Kuhhaut", heißt es in seinem Gedichtband „Spielball" – und in „Randlage" lesen wir, wie er sich seine künftigen Tage vorstellt: „Mit dem Vergehen von Hören und Sehen/ einem Bein im Grab einem im All/ im Handumdrehen/ im freien Fall."

„Notausgang", „Freiheitsmuseum", „Spielball" heißen seine Gedichtbände der DDR-Zeit, ein Doppelvers seines Gedichts „Frei" lautet: „Wir bauen kein Nest, keine Zelle des Staats./ Am Rande, am Rand ist immer Platz." So sind auch die von ihm ausgewählten „Poesiealben" keine betulichen Spruchsammlungen für kleine Mädchen, sondern Merkhefte mit unbequemen Wahrheiten. Früh schon spielte er mit den sogenannten gesellschaftlichen Anliegen, und so ist es geblieben.

Richard Pietraß ist ein Dichter in seiner besten Bedeutung. Er beschreibt nicht, dichtet nicht an, rühmt nicht ohne satirischen Unterton. Wenn er anhimmelt, sind Feuer und Flamme, die er entfacht, nicht ohne Gefahr für die Angehimmelte selbst. Seine Zweifel sind nicht die populistischen Allerweltszweifel; seine Zweifel sind die anrüchigen, die poetischen Zweifel mit Haken und Ösen, spitze schneidende Steinchen, mehr Skrupel im alten Wortsinn als einfach nur hingesagte Allerweltsbedenken: „Wir stottern und stammeln und wissen nicht was, nur daß uns was blüht. / Die Asche, die Flasche, das Taschentuch." Richard Pietraß kokettiert mit dem Vergeblichen, dem Vergänglichen, es gibt kein Schmusen mit den Engeln des Vorhimmels.

So sind auch die Zeichnungen von Nuria Quevedo keine anmutigen Illustrationen zu Liebesgedichten: Umarmungen werden zu Ringkämpfen, und bei der Geburt hält der Tod den Kopf der Gebärenden im Schwitzkasten.

Beim Lesen dieser Gedichte hat es zwar manchmal den Anschein, als könnte man auf den Wörtern schnurstracks in den Himmel fahren: Es wird gesprochen, es wird geliebt, es blitzt eine unverhoffte Unsterblichkeit auf, dann aber, noch im selben Gedicht, geht es jäh abwärts, fällt das scheinbar Gefestigte unvermittelt auseinander, „der Bruch im Blutsturz".

Indem Richard Pietraß mit Himmel und Hölle seine unfrommen Sprachspiele treibt, führt er uns einleuchtend vor: Die Poesie – um noch einmal Nietzsche zu zitieren – ist nicht gestorben wie Gott, sie lebt, denn „sie liegt nicht außerhalb der Welt, als eine phantastische Unmöglichkeit eines Dichterhirns: sie will gerade das Gegenteil sein, der ungeschminkte Ausdruck der Wahrheit, und muß eben deshalb den lügenhaften Aufputz jener vermeintlichen Wirklichkeit des Kulturmenschen von sich werfen."

Inhalt

Wir kommen von nichts (1994/2001)   5

Zufall hat uns umarmt

Am Abend verwandeln (1973)	15
Für ein einziges Mädchen (1972)	16
Blutiger Himmel (1975)	17
Alle meine Einsamkeiten (1972)	18
Erstes Gedicht für Anna (1973)	20
Requiem für Lilja (1973)	21
Holzauge (1975)	22
Genug (1973)	23

Wie trieb ich dich durch deines Leibs Gelände

Vorhimmel (1977)	27
Lebensraum (1976)	28
Tanz (1977)	29
Abbitte (1973)	30
Fremd (1976)	31
Kontrakt (1977)	32
Call It Love (1977)	33
Mühle (1978)	34
Lilien (1980)	35

Douane (1978)	36
Frei (1977)	37
Libertinage (1978)	38
Opposition (1978)	39
Ebbe (1980)	40
Spurenende (1980)	41
Echo (1982)	42
Poststunde (1982)	43
Liebesmüh (1979)	44
Freikörper (1983)	45
Morpheus Lied (1981)	46
Hohe Mulde (1980)	47
Globus (1984)	48
Frau (1980)	49
Zwanzig (1978)	50
Unermeßlich (1981)	51
Die Ohnmacht (1986)	52
Hohe Kante (1986)	53
Zandvoort (1988)	54

Dann gingst du in die letzte Gestalt

Letzte Gestalt (1994)	59
Mein Engel (1993)	60
Dein Schal an der Garderobe (1994)	61
Du gehst nun auf keine Reisen (1994)	62
Die Briefe, die ich dir geschrieben (1994)	63
Das Dunkel heißt dich leuchten (1994)	64

Die Fotos, die dich zeigen (1994)	65
Die Wege, die wir gegangen (1994)	66
In andre Arme geworfen (1994)	67
Poste restante (1994)	68
Besuch (1994)	69

Ich trete ins Fenster und breite die Arme

Lethe (2001)	73
Die Wohltaten (1996)	74
Meine Nackademie (1996)	76
Toast (2001)	78
Kopfstand (2000)	79
Binzer Schatzbrief (2003)	80
Maiwald (2002)	82
Der Pegel (2003)	83
Das Erwachen (2003)	84
Die Wiederwahl (2003)	85
Freiwild (2000)	86
Vorfreude (1998)	87
Ludwig Harig: Wahrhaftige Poesie	89

Für die freundliche Genehmigung
zum Abdruck danken wir den Verlagen

Langewiesche-Brandt, Ebenhausen für:
*Am Abend verwandeln, Erstes Gedicht für Anna,
Vorhimmel, Lebensraum, Fremd, Lilien, Douane, Frei,
Freikörper, Morpheus Lied, Globus, Unermeßlich*

Faber & Faber Leipzig für:
*Zwanzig, Die Ohnmacht, Hohe Kante, Zandvoort,
Die Wohltaten, Meine Nackademie, Vorfreude*
und den Zyklus *Letzte Gestalt*

Alle Rechte an dieser Ausgabe vorbehalten
© 2003 Gollenstein Verlag, Blieskastel

Buchgestaltung Gerd Braun
Satz Alexander Detambel auf Apple Macintosh
Schrift Garamond ITC BQ
Papier Westminster, altweiß, 1,2-fach, 115 g
Druck Merziger Druckerei & Verlag
Bindung Buchbinderei Schwind

Printed in Germany
ISBN 3-935731-52-3